江苏省消防条例

法律出版社
·北 京·

图书在版编目(CIP)数据

江苏省消防条例. -- 北京 : 法律出版社, 2023
ISBN 978-7-5197-8216-0

Ⅰ. ①江… Ⅱ. ①法… Ⅲ. ①消防-条例-江苏
Ⅳ. ①D927.530.214

中国国家版本馆CIP数据核字(2023)第147375号

江苏省消防条例
JIANGSUSHENG XIAOFANG TIAOLI

出版发行 法律出版社
编辑统筹 法规出版分社
责任编辑 张红蕊
装帧设计 臧晓飞
责任校对 杨锦华
责任印制 耿润瑜

开本 850毫米×1168毫米 1/32
印张 1.5 **字数** 25千
版本 2023年8月第1版
印次 2023年8月第1次印刷
印刷 永清县金鑫印刷有限公司
经销 新华书店

地址:北京市丰台区莲花池西里7号(100073)
网址:www.lawpress.com.cn
投稿邮箱:info@lawpress.com.cn
举报盗版邮箱:jbwq@lawpress.com.cn
销售电话:010-83938349
客服电话:010-83938350
咨询电话:010-63939796

书号:ISBN 978-7-5197-8216-0
定价:6.00元

目　　录

江苏省第十三届人民代表大会常务委员会公告

第 102 号

《江苏省消防条例》已由江苏省第十三届人民代表大会常务委员会第三十四次会议于 2023 年 1 月 12 日修订通过，现予公布，自 2023 年 5 月 1 日起施行。

江苏省人民代表大会常务委员会

2023 年 1 月 12 日

江苏省消防条例

（1995年8月11日江苏省第八届人民代表大会常务委员会第十六次会议通过　根据1999年6月18日江苏省第九届人民代表大会常务委员会第十次会议《关于修改〈江苏省消防条例〉的决定》第一次修正　根据2002年6月22日江苏省第九届人民代表大会常务委员会第三十次会议《关于修改〈江苏省消防条例〉的决定》第二次修正　根据2003年4月21日江苏省第十届人民代表大会常务委员会第二次会议《关于修改〈江苏省消防条例〉的决定》第三次修正　2010年11月19日江苏省第十一届人民代表大会常务委员会第十八次会议第一次修订　2023年1月12日江苏省第十三届人民代表大会常务委员会第三十四次会议第二次修订）

目　　录

第一章　总　　则

第一条　为了预防火灾和减少火灾危害，加强应急救援工作，提高防灾减灾救灾能力，保护人身、财产安全，维护社会公共安全，根据《中华人民共和国消防法》等有关法律、行政法规，结合本省实际，制定本条例。

第二条　本省行政区域内的火灾预防、扑救和相关应急救援工作，适用本条例。

第三条　消防工作贯彻预防为主、防消结合的方针，坚持人民至上、生命至上，按照政府统一领导、部门依法监管、单位全面负责、公民积极参与的原则，实行消防安全责任制，建立健全社会化的消防工作网络。

第四条 地方各级人民政府负责本行政区域内的消防工作。县级以上地方人民政府有关部门按照各自职责做好消防工作。

第五条 地方各级人民政府应当加强消防安全教育，开展消防公益宣传，普及消防安全知识，培育消防安全文化，组织开展常态化消防演练。

第六条 维护消防安全是全社会的共同责任。任何单位和个人都应当学习消防知识，预防火灾，保护消防设施，及时报告火警，提高自救互救能力。

消防行业协会依照法律、法规和协会章程，开展消防学术交流和消防宣传教育，推广先进消防技术，加强消防行业自律管理。

鼓励、支持社会力量开展消防公益活动，对消防事业进行捐赠，建设社会消防力量。发展消防志愿者队伍，建立消防志愿服务激励机制，鼓励志愿服务组织和志愿者依法提供消防志愿服务活动。

第七条 对在消防工作中做出突出贡献的单位和个人，按照国家和省有关规定给予表彰和奖励。

鼓励依法设立消防公益基金，支持消防救援公益事业。

第八条 每年11月为本省消防安全月，11月9日为消防日。

第二章 消防安全责任

第九条 县级以上地方人民政府应当履行下列消防工作职责：

（一）根据国民经济和社会发展规划制定消防工作事业发展规划及年度实施计划；

（二）研究、部署本地区消防工作重大事项；

（三）按照规定组织开展考核评价工作；

（四）定期分析评估本地区消防安全形势；

（五）组织开展消防安全检查和专项治理；

（六）督促整改重大火灾隐患和区域性火灾隐患；

（七）协调组织火灾扑救和应急救援工作；

（八）法律、法规、规章规定的其他消防工作职责。

开发区、工业园区、旅游度假区等各类园区的管理机构应当按照本级人民政府赋予的职责，做好管理区域内的有关消防工作，协助人民政府有关部门或者按照授权依法履行消防监督管理职责。

第十条 乡镇人民政府、街道办事处应当履行下列消防工作职责：

（一）加强消防安全组织建设，建立健全消防安全制度，监督、检查本地区消防安全状况，落实消防安全措施；

（二）按照规定安排必要资金用于公共消防设施建设；

（三）根据当地经济发展和消防工作的需要，建立政府专职消防救援队、志愿消防队；

（四）组织开展消防安全检查和专项治理，督促整改火灾隐患和发现的问题；

（五）因地制宜将消防安全管理纳入综合治理网格化管理范围；

（六）指导村民委员会、居民委员会开展群众性的消防工作；

（七）办理上级人民政府交办的消防工作事项；

（八）法律、法规、规章规定的其他消防工作职责。

第十一条 地方各级人民政府、街道办事处应当成立消防安全委员会，负责指导本地区消防工作，研究和协调解决消防工作重大问题，督促落实消防工作职责。

县级以上地方人民政府消防安全委员会办公室设在消防救援机构，乡镇人民政府、街道办事处应当明确人员承担消防安全委员会的日常工作。

地方各级消防安全委员会办公室具体承担下列工作

任务：

（一）贯彻落实本级消防安全委员会工作部署，提出消防安全管理工作措施建议；

（二）开展消防安全形势分析评估，组织实施消防安全联合检查和专项治理；

（三）协调指导本级人民政府有关部门和下级人民政府的消防工作，推动落实消防工作职责；

（四）组织开展消防工作预警提示、督办、约谈、督查、考核等工作；

（五）消防安全委员会交办的其他消防工作任务。

第十二条 县级以上地方人民政府消防救援机构应当履行下列工作职责：

（一）负责所属国家综合性消防救援队伍建设、管理和指挥调度；

（二）按照规定负责政府专职消防救援队伍人员管理、力量调度、现场指挥和执勤训练，对单位专职消防队和志愿消防队进行业务指导；

（三）组织开展城乡综合性消防救援，按照规定参与森林、内河火灾扑救和抢险救援、特种灾害事故救援；

（四）承担消防监督管理职责，组织开展火灾预防、消防监督执法、消防宣传教育以及火灾事故调查处理相关工作；

（五）法律、法规、规章规定的其他工作职责。

第十三条 县级以上地方人民政府住房和城乡建设主管部门应当履行下列消防工作职责：

（一）对特殊建设工程进行消防设计审查和消防验收，对其他建设工程进行消防验收备案和抽查；

（二）参与建设工程火灾事故调查处理；

（三）监督、指导消防审验技术服务活动；

（四）依法处理违反建设工程消防设计审查、消防验收、备案管理和违法从事消防审验技术服务的行为；

（五）法律、法规、规章规定的其他消防工作职责。

第十四条 县级以上地方人民政府公安机关应当履行下列消防工作职责：

（一）查处职责范围内涉及消防安全的违法犯罪行为；

（二）组织指导公安派出所依法开展日常消防监督检查和消防宣传教育活动；

（三）协助维护火灾现场秩序，保护现场，参与火灾事故调查处理；

（四）法律、法规、规章规定的其他消防工作职责。

第十五条 县级以上地方人民政府有关部门应当履行下列消防工作职责：

（一）根据行业、系统工作特点，将消防安全内容纳入相关行业法规政策、规划计划和应急预案，提高消防安全管理水平；

（二）依法指导、督促本行业、本系统相关单位落实消防安全责任；

（三）开展针对性消防安全检查；

（四）督促、指导行业单位加强对行业从业人员的消防宣传教育；

（五）法律、法规、规章规定的其他消防工作职责。

有关部门可以将消防安全职责履行情况作为本行业、本系统单位评先评优、评级评星的条件。

第十六条 地方各级人民政府和有关部门的主要负责人对本地区、本部门的消防工作负全面领导责任；分管消防工作的负责人对消防工作负综合监管领导责任；其他负责人对分管工作范围的消防工作负直接领导责任。

地方各级人民政府应当制定主要负责人、分管消防工作的负责人和其他负责人消防安全重点工作任务清单。

第十七条 村民委员会、居民委员会应当履行下列消防工作职责：

（一）建立健全消防安全制度，确定消防安全管理人；

（二）协助乡镇人民政府、街道办事处或者有关部门开展相关消防工作；

（三）开展群众性自防自救工作，组织制定防火安全公约，进行防火安全检查，及时督促整改火灾隐患；

（四）组织对无人照料的儿童、老年人、残疾人和精神障碍患者等特殊人群实施消防安全登记，开展针对性的消防安全教育，加强消防安全帮扶；

（五）法律、法规、规章规定的其他消防工作职责。

第十八条　机关、团体、企业、事业等单位除依法履行《中华人民共和国消防法》规定的单位消防安全职责外，还应当履行下列职责：

（一）建立健全全员消防安全责任制，明确负责消防安全工作的机构，配备专职或者兼职消防安全人员；

（二）保障消防安全工作经费投入；

（三）实行消防安全标准化管理，加强消防宣传教育，提高检查消除火灾隐患、组织扑救初起火灾和人员疏散逃生的能力；

（四）法律、法规、规章规定的其他消防安全职责。

机关、团体、企业、事业等单位的主要负责人是本单位的消防安全责任人，对本单位的消防工作全面负责。消防安全责任人、消防安全管理人和其他消防安全管理人员应当参加培训，具备与本单位相适应的消防安全知识和管理能力。

第十九条 消防设施维护保养检测、消防安全评估等消防技术服务机构及其从业人员，应当依法开展社会消防技术服务活动，接受消防救援机构的监督管理。

建设工程消防设计文件技术审查、竣工验收消防查验、消防验收现场评定等消防审验技术服务机构及其从业人员，应当依法开展消防审验技术服务活动，接受住房和城乡建设主管部门的监督管理。

第二十条 个人应当履行下列消防安全义务：

（一）遵守消防法律、法规、规章规定；

（二）安全用火、用电、用油、用气；

（三）学习消防安全知识，掌握相应的火灾预防、报警、灭火和逃生自救方法；

（四）按照规定接受消防安全教育，参加消防演练。

监护人应当对被监护人进行消防安全教育，采取必要的消防安全措施。

鼓励住宅户内配备火灾报警、灭火器、避难逃生等消防产品。

第三章 消防组织

第二十一条 县级以上地方人民政府应当按照国家和

省有关规定建立消防救援队，并按照相关标准配备消防装备和相关设施。

下列未建立国家综合性消防救援队的地方，应当建立政府专职消防救援队：

（一）建成区面积超过五平方公里或者居住人口五万以上的镇；

（二）易燃易爆危险品生产经营单位、劳动密集型企业集中的乡镇；

（三）全国和省级重点镇、历史文化名镇；

（四）省级以上的经济开发区、旅游度假区、高新技术开发区，国家级风景名胜区。

沿海、沿江、沿大型湖泊以及其他水上消防任务较重的地区应当建立水上消防队（站）。

森林防灭火任务较重的地区应当建立森林专职消防队（站）；一、二级火险县级单位应当根据需要，依托国家综合性消防救援队或者政府专职消防救援队建立森林火灾扑救专业队。建设省级森林灭火机动力量，参与重大森林火灾扑救。

第二十二条　符合条件的政府专职消防救援队登记为事业单位法人。政府专职消防救援队应当与国家综合性消防救援队伍实行统一指挥、统一纪律、统一训练、统一荣誉。

政府专职消防员实行员额管理和岗位等级任期制度，其工资待遇应当与专业技术能力和职业风险等相适应，享有各项社会保险、住房公积金等社会保障待遇。消防救援机构根据岗位需要，为政府专职消防员办理人身意外伤害保险。

第二十三条 依法应当建立专职消防队的单位，建立的专职消防队应当符合有关标准。应当建立专职消防队的单位相对集中的，经消防救援机构评估同意，可以联合建立单位专职消防队。

第二十四条 高速公路经营管理单位应当根据路网分布、交通流量及消防和应急救援的需要，会同省消防救援机构建立高速公路消防救援队，配备相适应的装备器材、灭火药剂。高速公路经营管理单位负责队站建设，消防救援机构负责日常管理、执勤训练和调度指挥。

高速公路消防救援队实行符合高速公路消防和应急救援需要的执勤战备秩序，保持二十四小时驻勤备战。

第二十五条 机关、团体、企业、事业等单位以及村民委员会、居民委员会根据需要，建立志愿消防队或者微型消防站等多种形式的消防组织，加强培训演练，开展群众性自防自救工作。

其他设有消防控制室的消防安全重点单位和城乡居民社区，应当按照规定配备必要的消防器材，建立微型消防站，积极开展防火巡查和初起火灾扑救等火灾防控工作。合用消防控制室的消防安全重点单位，可以联合建立微型消防站。

建立志愿消防队的单位或者村民委员会、居民委员会，应当为志愿消防队员购买人身意外伤害保险，为参加火灾扑救或者应急救援的志愿消防队员提供交通、食宿等必要的保障。

第二十六条　政府专职消防救援队、单位专职消防队、志愿消防队等消防组织的执勤消防车辆，按照特种车辆登记和管理，可以安装、使用警报器、标志灯具和消防专用标志；符合国家免征车辆购置税规定的，免缴车辆购置税。

第二十七条　本省按照国家和省有关规定建立健全尊崇消防救援职业的荣誉体系。

国家综合性消防救援队伍人员和政府专职消防员（以下统称消防救援人员）根据国家和省有关规定，享有职业荣誉、生活待遇、社会优待等职业保障。

消防救援人员因战因公牺牲、致残或者病故的，对其家属在住房、医疗、教育、就业等方面提供照顾和帮助。

第二十八条　消防救援人员、单位专职消防队员的职业健康保障，应当符合国家有关标准。

因执勤训练、火灾扑救和应急救援等工作受伤、致残、死亡的人员的医疗、抚恤政策，国家综合性消防救援队伍人员按照国家有关规定执行，政府专职消防员和单位专职消防队员按照工伤保险等规定执行，被确认为见义勇为人员的志愿消防队员和其他人员按照奖励和保护见义勇为人员的规定执行；符合评定烈士条件的，按照国家有关烈士褒扬的规定办理。

第四章　火 灾 预 防

第二十九条　设区的市、县（市、区）人民政府应当组织有关部门编制覆盖城乡的消防专项规划，并统筹纳入国土空间规划。消防专项规划应当包括消防安全布局、消防站、消防供水、消防通信及信息化、消防车通道、消防装备等内容。消防专项规划不适应经济和社会发展需要的，应当及时修改。

规划确定的消防站、消防船艇泊位、消防取水码头等的建设用地、水上岸线，不得擅自改变用途；确需改变用途的，应当征得有关部门和消防救援机构的同意。

设区的市、县（市、区）人民政府应当根据消防专项规划制定年度实施计划，组织消防救援、发展改革、财政、自然资源、住房和城乡建设、交通运输、城乡供水、通信管理等有关部门和机构实施。开发区、工业园区、旅游度假区等各类园区的管理机构应当按照消防专项规划建设公共消防设施。

第三十条 建设项目符合详细规划中明确的消防安全布局的，相关主管部门应当依法核发用地预审与选址意见书、建设用地规划许可证、建设工程规划许可证。

易燃易爆危险品生产、经营、储存场所等重大火灾危险源不符合消防安全布局的，有关地方人民政府、相关园区管理机构应当组织限期搬迁或者改变用途。

城市更新应当同步规划建设公共消防设施，改善消防安全条件，满足火灾预防和灭火救援工作的需要。

有关地方人民政府、相关园区管理机构应当统筹推进老旧小区消防设施、可燃易燃外墙外保温系统改造，城市易燃建筑密集区应当优先改造。

第三十一条 县级以上地方人民政府应当将消防事业经费纳入本级财政预算，保障消防事业发展。

设区的市、县（市、区）人民政府可以在征收的建设工程项目城市市政公用基础设施建设配套费中安排一定资金用于建设公共消防设施、配备装备器材，实行专款专用。

按照规定应当由人民政府或者有关部门实施的火灾风险辨识、消防审验技术服务、消防安全评估、消防教育培训、特殊人群消防安全监护等消防安全服务事项，适合通过市场化方式提供的，可以按照政府购买服务有关规定实施。

第三十二条 农村公共消防设施建设应当与农村公共基础设施同步规划、建设。

农村公路建设应当符合公路技术标准，满足消防车辆通行需要，限高、限宽设施不得影响消防车辆通行。

乡镇人民政府、街道办事处应当根据农村地区灭火救援需要，利用河流、池塘等天然水源设置消防水源，并建设必要的取水设施。

第三十三条 建设工程的建设、设计、施工、工程监理等单位及其从业人员，应当严格执行消防法律、法规、规章等规定和国家工程建设消防技术标准，依法对建设工程消防安全质量负责。

第三十四条 建设单位组织建设工程竣工验收时，应当对建设工程是否符合消防要求进行查验，工程竣工验收报告内容应当包括消防查验情况。

在申请办理消防验收、备案时依法尚未组织工程竣工验收的专业建设工程，以及依法不需要办理施工许可的房屋建筑和市政基础设施工程，在申请办理消防验收、备案时应当提交消防查验情况报告。

第三十五条 建设工程施工现场的消防安全由施工单位负责。

施工单位应当明确施工现场消防安全责任，落实消防安全管理制度，设置符合规定的临时消防给水设施，配备必要的灭火器材，设置消防车通道并保持畅通，规范用火用电，消除火灾隐患。

建筑施工搭建的临时建筑物、构筑物，应当符合消防技术标准和管理规定。

第三十六条 特殊建设工程消防设计审查应当依据法律、法规、规章和法律、行政法规强制要求的工程建设消防技术标准开展。

特殊建设工程未经消防设计审查或者审查不合格的，建设单位和施工单位不得施工。

特殊建设工程消防验收应当依据法律、法规、规章和经审查合格的消防设计文件开展。

特殊建设工程以外的其他建设工程消防验收备案现场检查，应当依据法律、法规、规章和法律、行政法规强制要求的工程建设消防技术标准开展。对依法不需要取得施工许可的其他建设工程，在消防验收备案时可以适当优化程序和要求。

第三十七条 省住房和城乡建设主管部门可以会同省交通运输、水利、能源、铁路等部门和单位，根据需要建立专业建设工程消防设计审查验收工作机制，制定各专业建设工程消防设计审查验收管理办法。

对专业建设工程依法实施施工图设计文件审查的部门和单位，应当将消防技术审查纳入施工图设计文件审查。

第三十八条 县级以上地方人民政府应当建立适用于城市更新中既有建筑改造利用规划、建设和消防的审批管理规则，推动自然资源、住房和城乡建设、消防救援等部门和机构实现相关审批受理要件、办理流程、适用标准的衔接和统一。

既有建筑改造利用，应当执行现行国家工程建设消防技术标准。存在空间、结构等客观条件限制的，应当符合省住房和城乡建设主管部门会同有关部门制定的消防技术要点，并采取人防、技防、物防等加强性措施，提升火灾预防和处置能力。

历史文化街区、名镇、名村核心保护范围内的改造利用，设区的市、县（市、区）人民政府应当按照管理权限组织编制防火安全保障方案，作为管理的依据。

第三十九条 生产消防产品和有防火性能要求的建筑

构件、建筑材料、室内装修装饰材料的企业，应当具有相应的生产技术条件和质量保证体系。消防产品和有防火性能要求的建筑构件、建筑材料、室内装修装饰材料出厂前应当经检验合格。

建设、施工、工程监理等有关单位应当按照各自职责对施工现场消防产品和有防火性能要求的建筑构件、建筑材料、室内装修装饰材料查验合格证明，属于强制性认证的消防产品应当查验强制性产品认证证书，有国家标准、行业标准的消防产品应当查验型式检验报告，新研制的尚未制定国家标准、行业标准的消防产品应当查验技术鉴定报告，必要时应当按照消防技术标准的规定实施见证取样并送具有相应资质的检测单位进行检测，不得使用不合格的消防产品、国家明令淘汰的消防产品和防火性能不符合消防安全要求的建筑构件、建筑材料、室内装修装饰材料。

第四十条　机关、团体、企业、事业等单位应当定期组织对消防设施、器材进行维护保养和检测，对建筑消防设施每年至少进行一次全面检测，确保消防设施、器材完好有效。单位自身不具备维护保养检测能力的，应当委托符合从业条件的消防技术服务机构或者具有相应资质的消防设施施工单位对消防设施进行维护保养和检测。

设置消防控制室的单位应当落实消防控制室管理制度，

确保及时发现和正确处置火灾报警，将消防设施运行状态信息接入消防设施联网监测系统并实时传输。

设置消防（员）电梯的单位应当组织对消防（员）电梯进行月度检查维护和年度全面测试，保证消防（员）电梯安全可靠运行。

第四十一条 住宅区的物业服务企业应当对管理区域内的疏散通道、安全出口、建筑消防设施和消防车通道进行维护管理，提供消防安全防范服务；未委托物业服务企业对住宅区物业进行管理的，村民委员会、居民委员会应当组织业主、物业使用人签订防火协议，明确消防安全管理责任，对疏散通道、安全出口、建筑消防设施和消防车通道进行维护管理。

前款规定以外的其他由两个以上单位管理或者使用的建筑物，管理或者使用单位应当明确各方的消防安全责任，并明确统一的机构或者委托物业服务企业对共用的疏散通道、安全出口、建筑消防设施和消防车通道进行管理。

住宅区以及其他由两个以上单位管理或者使用的建筑物的消防车通道、消防车登高操作场地应当设置标志，加强日常管理，保持畅通。

第四十二条 禁止在楼梯间、楼道等疏散通道、安全出口、消防车通道及其两侧影响通行的区域堆放物品、停放车辆。

住宅区的物业服务企业对管理区域内的消防安全违法行为应当及时采取合理措施予以制止、向有关部门报告并协助处理。

第四十三条 紧急情况下需要维修建筑物共用消防设施的，业主大会或者业主委员会可以依法申请使用建筑物及其附属设施的维修资金。

住宅区和其他共用建筑消防设施存在重大火灾隐患，消防救援机构应当通知限期维修、更新或者改造；逾期不维修、更新或者改造的，消防救援机构应当报告本级人民政府；接到报告的人民政府可以组织维修资金代管、消防救援等有关部门和机构以及乡镇人民政府、街道办事处代为维修、更新或者改造。重大火灾隐患属于紧急情况，可以按照前款规定使用专项维修资金。具体办法由设区的市人民政府制定。

第四十四条 建筑物的出租人和承租人应当按照有关规定在租赁合同中明确双方的消防安全责任。承租人应当在其使用范围内按照法律、法规、规章和合同约定履行消防安全职责。出租人应当对承租人履行消防安全职责的情况进行监督。

第四十五条 建筑物外立面装修、装饰、设置广告，应当符合消防安全规定，不得妨害防火、逃生和灭火救援。

外墙外保温系统采用可燃、易燃保温材料的建筑，管理单位应当在主入口以及周边相关显著位置设置提示性和警示性标识，标示外墙外保温材料的燃烧性能和防火要求。鼓励将外墙外保温系统更改为不燃、难燃材料。对既有建筑的外墙外保温系统实施改造时，应当符合现行国家工程建设消防技术标准。

人员密集场所、高层和地下公共建筑的排油烟管道等排油烟设施，应当按照国家和省有关规定设置，并在与竖向排风管连接处、穿越防火分区处设置防火阀；与可燃物之间应当采取隔热或者散热等防火措施；每季度至少进行一次检查、清洗和保养，并做好记录。

第四十六条 人员密集场所应当在建筑消防设施、消防器材、疏散设施的醒目位置设置消防安全标识，告知维护、使用消防设施、器材以及紧急情况下逃生自救的方法、要求。人员密集场所的疏散通道、楼梯间及前室的门，属常闭式防火门的应当保持常闭；设置保持开启状态的防火门的，应当保证火灾时能自动关闭。高层建筑、地下工程和人员密集场所应当按照有关规定配备自救器材和辅助逃生设施。

生产、经营、储存易燃易爆危险品的消防安全重点单位，应当指定掌握工艺流程、具备应急处置能力的有关人员兼职承担专业处置工作，设置辅助应急救援指挥决策的专用资料箱，根据需要配备专用灭火器材、储备专用灭火药剂并保持完好有效；发生事故时，应当立即启动应急救援预案，调派专业处置人员及时开展和参与相应处置。

鼓励大型商业综合体和生产、经营、储存易燃易爆危险品场所的集中区域，建立区域联防互助组织，共同开展消防安全检查、火灾隐患整改、初起火灾处置。

第四十七条 禁止在生产、经营、储存易燃易爆危险品的场所和存放可燃、易燃物资的仓库、露天堆场等具有火灾、爆炸危险的场所吸烟、使用明火。

禁止在人员密集场所燃放烟花爆竹或者使用其他产生烟火的物品。

具有火灾、爆炸危险的场所，建设工程施工现场，正在生产、营业、使用的人员密集场所，因施工等原因需要明火作业的，应当按照单位的用火管理制度事先办理手续，落实现场消防安全措施。

使用易燃易爆危险品的学校、科研机构、医院以及其他单位，其使用条件、工艺、场所应当符合法律、法规和技术标准的要求，并根据所使用的易燃易爆危险品的种类、危险特性以及使用量和使用方式，建立健全消防安全管理规章制度和操作规程，配备相适应的灭火器材、灭火药剂，保证易燃易爆危险品的安全使用。

第四十八条 古建筑、近代现代代表性建筑以及其他保护建筑的管理单位，应当加强用火用电用气的消防安全管理，依法履行消防安全职责，并根据建筑结构、文物性质等特点，采取针对性的消防安全措施。

第四十九条 具有合法的固定经营场所，使用面积一百平方米以下，设置在地上一、二层，具有销售、服务性质的商店、饮食店、洗衣店、美容美发店等小型经营场所，应当明确专职或者兼职消防安全员，落实消防安全措施，配备灭火器，设置电气线路断路器，使用合格的电气设备、燃气设施，及时消除火灾隐患，发生火灾时组织引导人员疏散，扑救初起火灾。

利用村民自建住宅从事家庭生产加工、民宿、农家乐等生产经营活动的，应当落实防火分隔、安全疏散等消防安全措施，配备必要的消防设施、器材。

县（市、区）人民政府、乡镇人民政府和街道办事处应当加强小型经营场所、从事家庭生产加工的场所、民宿、农家乐的集中区域公共消防设施建设，根据需要配备应用逃生器材和独立式火灾报警、简易喷水灭火等消防设施，提升前述集中区域预防和处置火灾的能力。

第五十条 公共汽车、轨道列车、渡轮等公共交通工具和其他中型以上客车，应当按照有关规定配备消防器材和安全疏散设施，设置明显标识，并保持完好有效。

前款所列交通工具的运营、使用单位应当对工作人员进行消防安全培训；发生火灾等突发事件时，现场工作人员应当迅速引导、协助乘客疏散、逃生。

隧道、大型桥梁应当规划、建设公共消防设施；其经营管理单位应当根据隧道、大型桥梁火灾特点和应急处置需要，建立专职消防队或者志愿消防队，配置灭火救援装备、器材，明确负责消防安全工作的人员。

利用船舶或者水上浮动设施开设的餐饮、娱乐场所、水上加油点，应当符合相应的消防技术标准和管理规定。

第五十一条 城市轨道交通的运营单位应当建立健全重点部位消防安全管理制度，配备相适应的火灾救援装备、器材，建立专业应急救援队伍，完善应急值守和报告制度，定期组织全要素演练。

城市轨道交通车站站台层、站厅付费区、乘客疏散区以及疏散通道不得设置商铺，运营设施和广告设施应当采用不燃、难燃材料。

地下车站与周边地下空间的连通部位、车站与站内商业等非轨道交通功能的场所、车辆基地与上盖综合开发建筑，产权方或者管理方之间应当相互协商，建立消防协调联动机制，明确相应的消防安全责任。

第五十二条 电器产品的安装、使用及其线路的设计、敷设、维护保养、检测，应当符合消防技术标准和有关管理规定。

人员密集场所，易燃易爆危险品生产、经营、储存场所，以及存放可燃、易燃物资的仓库，应当定期对其使用的电器产品和线路进行消防安全检查，并按照国家有关规定委托有资质的单位对导除静电和防雷设施进行安全技术检测。

供电企业应当对供电设施、线路定期检测，及时更换、改造老化供电设施和线路，加强用电管理，开展电气消防安全检查，对违反用电安全的行为及时予以制止，对电气火灾隐患及时督促整改。

第五十三条 人员密集场所应当根据需要配套设置电动自行车集中停放区域、建设集中充电设施。

新建、改建住宅小区，建设单位应当同步建设充电设施或者预留充电设施建设条件，推动电动自行车集中停放、充电。

业主和物业使用人应当提高消防安全防范意识，避免电动自行车或者其蓄电池进入住宅的电梯和户内。禁止违反用电安全要求私拉电线和插座为电动汽车、电动自行车充电。禁止在楼梯间、楼道等疏散通道、安全出口、消防车通道及其两侧影响通行的区域停放电动自行车。

第五十四条 单位和个人研制易燃易爆的新材料、新产品或者有火灾危险性的新设备、新工艺的，在交付生产、使用或者技术转让时，应当注明火灾危险性、预防火灾和紧急处置措施。

第五十五条 自动消防系统的操作人员应当依法取得相应的资格，方可上岗作业。

对消防设施操作人员，电焊、气焊以及其他从事具有火灾、爆炸危险的特殊工种人员进行职业资格培训或者上岗培训时，应当将消防知识纳入培训的内容。

第五十六条 设区的市、县（市、区）人民政府应当设立或者确定消防科普教育场馆，提供火灾预防、扑救、逃生自救等消防知识、技能的宣传教育。

广播、电视、报刊、互联网等媒体应当定期安排时段或者版面发布消防安全公益信息，宣传消防法律、法规和消防安全知识。加强互联网公共消防服务平台建设，通过移动通信客户端及新媒体平台开展网络消防宣传教育和管理服务。

住宅区、村庄和人员密集场所应当设置固定消防宣传设施，开展消防宣传教育。

第五十七条 教育、人力资源社会保障等部门应当组织指导学校及其他教育机构开展消防教育工作，统筹安排师资、教材和课时，将消防知识编入学校地方教材和职业培训教材，纳入教学计划。

第五十八条 学校及其他教育机构应当定期组织师生参观消防科普教育场馆，开展应急疏散演练。

消防安全重点单位应当每半年至少组织开展一次灭火和应急疏散演练。

第五章 灭火救援

第五十九条 国家综合性消防救援队、政府专职消防救援队依照法律、法规、规章和国家规定，承担火灾扑救工作，同时承担重大灾害事故和其他以抢救人员生命为主的综合应急救援工作。

灭火救援应当贯彻救人第一、科学施救的原则。国家综合性消防救援队、政府专职消防救援队应当加强能力建设，提高灭火救援的科学性、有效性。

第六十条 地方各级人民政府应当组织制定本行政区域内火灾事故应急预案，加强应急预案管理，定期组织开展演练。

国家综合性消防救援队、政府专职消防救援队应当熟悉责任区情况，制定灭火和应急救援预案，实施灭火和应急救援作战演练。有关单位和个人应当配合、协助开展熟悉、演练活动，并提供资料。熟悉、演练活动应当尽量避免或者减少对单位、场所正常工作、生活和生产经营活动的影响。

消防救援机构应当会同卫生健康等相关部门建立消防救援和院前医疗急救联动机制，实行 119 消防报警和 120 急救中心应急合作。

第六十一条 县级以上地方人民政府应当完善灭火和应急救援物资的生产、采购、储存体系和紧急调集、配送机制，优化物资品种、规模、结构和区域布局；加强消防救援战勤保障力量和物资储备建设，为灭火和应急救援工作提供保障。

水域、山岳、森林和隧道、大型桥梁、高层建筑、地下工程、大型商业综合体、大跨度建筑，易燃易爆危险品生产、经营、储存场所以及新能源生产储存企业、特高压变电站等比较集中的地区，应当按照规定配置特种装备。

支持消防装备研发生产企业加强技术创新，生产先进实用的消防装备，提高灭火和应急救援能力。

第六十二条 消防救援机构应当与有关部门和单位建立灭火和应急救援所需信息资料共享机制。有关部门和单位应当及时共享相关基础信息资料；根据消防救援机构实施灭火和应急救援的需要，提供实时信息资料。具体办法由省消防救援机构会同有关部门和单位制定。

第六十三条 应急管理部门、消防救援机构应当建立应急协调联动机制，按照国家规定共建共用应急联合指挥平台。

消防应急救援调度指挥中心与应急管理、公安、交通运输、生态环境、气象、林业、供水、供电、供气、医疗救护等部门和单位以及专业应急救援队伍之间，应当设有专线通信。

消防安全重点单位、单位专职消防队以及社会应急救援队伍，应当设有与当地消防应急救援调度指挥中心联系的有线或者无线通信设备。

发生火灾、重大灾害事故等突发事件时，通信管理部门应当组织、协调做好公用通信网应急通信保障工作，优先保障现场救援工作的通信需要。

第六十四条 县级以上地方人民政府应当将通用航空单位纳入所在地应急救援体系，组织通用航空单位开展必要的应急救援培训和日常训练。

发生火灾、重大灾害事故等突发事件时，县级以上地方人民政府可以调用通用航空单位参与应急救援，通用航空单位应当服从调用。

紧急情况下，需要航空运输消防救援人员和消防应急救援装备、物资，或者利用航空器开展人员搜救、现场勘查、物资投放、灭火药剂喷洒等消防应急救援工作的，有关单位应当优先运输、许可。

对参与应急救援和应急救援日常训练的通用航空单位，县级以上地方人民政府应当安排财政资金给予适当补偿。

第六十五条　任何单位和个人发现火灾，应当迅速报警；起火单位应当组织扑救初起火灾。

人员密集场所发生火灾，该场所的现场工作人员应当立即组织、引导在场人员疏散。

国家综合性消防救援队、政府专职消防救援队接到报警或者命令后，应当立即赶赴现场，采取有效措施组织灭火和应急救援。有关单位和个人应当为火灾报警、灭火和应急救援提供便利。

第六十六条　消防救援机构统一组织和指挥火灾现场扑救。

国家综合性消防救援队、政府专职消防救援队参加火灾以外的其他重大灾害事故的应急救援工作，由县级以上地方人民政府统一指挥。

社会应急救援队伍参与灭火和应急救援行动时，应当服从统一调度指挥。

第六十七条 为阻止火灾蔓延，避免重大损失，火场总指挥有权决定使用各种水源，划定警戒区，在火场周围实施交通管制，截断电力、可燃气体和可燃液体的输送，限制用火用电，利用临近建筑物和有关设施，拆除或者破损毗邻建筑物、构筑物或者设施等，调动交通运输、生态环境、气象、市政、供水、供电、供气、通信、医疗救护等部门和单位协助灭火救援。造成有关单位和个人合法权益受到损害的，当地人民政府按照规定予以补偿。

单位专职消防队、志愿消防队参加扑救外单位火灾，以及有关单位协助灭火救援所损耗的物资，由火灾发生地人民政府给予补偿。

第六章 消防监督

第六十八条 住房和城乡建设主管部门、消防救援机构按照加强源头管理、守住安全底线的原则，加强消防安全事前事中事后监管，建立消防设计审查、消防验收、备案和投入使用、营业前消防安全检查协同、审批管理标准统一和审批结果衔接的工作机制，具体办法由省住房和城乡建设主管部门、省消防救援机构共同制定。

省住房和城乡建设主管部门结合消防设计、施工质量情况，合理确定属于公众聚集场所的特殊建设工程以外的其他建设工程备案抽查比例。

公众聚集场所投入使用、营业前消防安全检查实行告知承诺管理。公众聚集场所在投入使用、营业前，建设单位或者使用单位应当在消防验收合格或者消防验收备案通过后，向县级以上地方人民政府消防救援机构提出投入使用、营业前消防安全检查申请，作出场所符合消防安全管理规定的承诺，提交规定的材料，并对其承诺和材料的真实性负责。消防救援机构应当对申请人提交的材料进行审查，申请材料齐全、符合法定形式的，应当予以许可并及时对作出承诺的公众聚集场所进行核查。

申请人选择不采用告知承诺方式办理的，消防救援机构应当对该场所进行检查；经检查符合要求的，应当予以许可。

第六十九条 地方各级人民政府应当推动大数据、物联网等现代信息技术在火灾预防、区域火灾风险评估、灭火和应急救援等方面的应用，采用消防设施传感器、电气火灾监控、电动自行车智能充电、单位消防安全管理系统、消防设施联网监测等技防、物防措施，提升火灾预防、扑救和应急救援水平。

消防救援机构和有关部门运用现代信息技术进行消防安全信息采集、监测、预警的，不替代单位承担消防安全主体责任，不作为追究消防执法责任的依据。

第七十条 实施消防监督检查不得少于两人，并应当出示证件。

消防监督检查人员可以进入单位、场所进行检查，测试消防设施，调阅有关资料，询问、了解有关情况。对检查发现的可能严重威胁公共安全的火灾隐患，按照有关规定对危险部位或者场所采取临时查封措施；对检查发现不合格消防产品和国家明令淘汰的消防产品的情况通报市场监督管理部门。监督检查应当尽量避免或者减少对被检查单位、场所正常工作、生活和生产经营活动的影响。

第七十一条 建立健全消防安全领域信用管理体系，推动消防安全守信激励、失信惩戒。

实行消防严重失信主体名单制度。有下列行为的，依法列入严重失信主体名单：

（一）公众聚集场所建设单位或者使用单位作出虚假消防安全承诺，且场所存在重大火灾隐患的；

（二）拒不执行停止施工、停止使用、停产停业决定，经催告无正当理由逾期仍不执行的；

（三）存在重大火灾隐患，拒不整改的；

（四）技术服务机构及其从业人员伪造或者出具严重虚假、失实文件的；

（五）注册消防工程师变造、倒卖、出租、出借或者以其他形式转让资格证书、注册证、执业印章，情节严重的；

（六）严重扰乱火灾现场秩序、影响灭火救援的；

（七）故意破坏或者伪造火灾现场的；

（八）法律、法规或者党中央、国务院政策文件规定的其他消防严重失信行为。

第七十二条 消防救援机构根据火灾调查的需要，可以封闭火灾现场。起火单位和有关人员应当保护灾后现场，协助消防救援机构调查。任何单位和个人不得擅自清理、移动火灾现场物品，隐瞒事实真相或者干预、阻挠火灾事故的调查处理。

发生轻微火灾事故且当事人确认不需要火灾事故调查认定文书的，消防救援机构可以不出具火灾事故认定书。轻微火灾事故标准由省消防救援机构规定。

第七十三条 对造成人员死亡或者产生社会影响的一般及以上火灾事故，县级以上地方人民政府应当组织事故调查组进行调查，追究相关责任主体的火灾事故责任。具体办法由省人民政府制定。

前款规定的火灾事故属于生产安全事故的，调查处理按照有关法律、行政法规的规定执行。

第七十四条 县级以上地方人民政府应当实行消防安全监督管理全覆盖，对消防安全监督管理职责不明确的领域和事项，及时明确监督管理部门或者协调落实监督管理责任。

有关部门应当对新技术、新产业、新业态、新模式等的消防安全实行包容审慎监管，针对其性质、特点分类制定和实行相应的监管规则和标准，确保消防安全。

第七十五条 消防救援机构、住房和城乡建设主管部门应当会同有关部门，建立资源共享、信息互通、线索移送、协作配合的工作机制，提高消防监督管理和灭火救援工作效能。

第七章 法律责任

第七十六条 违反本条例规定，法律、行政法规已有处罚规定的，从其规定。

第七十七条 机关、团体、企业、事业等单位未按照规定履行消防安全职责，发生火灾事故的，由消防救援机构处一万元以上十万元以下罚款，并对直接负责的主管人员和其他直接责任人员处一千元以上三千元以下罚款。

第七十八条 消防审验技术服务机构出具虚假文件的，由住房和城乡建设主管部门责令改正，处五万元以上十万元以下罚款，并对直接负责的主管人员和其他直接责任人员处一万元以上五万元以下罚款；有违法所得的，没收违法所得；给他人造成损失的，依法承担赔偿责任。

消防审验技术服务机构不按照国家工程建设消防技术标准开展消防审验技术服务活动的，由住房和城乡建设主管部门责令改正，处一万元以上五万元以下罚款，并对直接负责的主管人员和其他直接责任人员处二千元以上一万元以下罚款；有违法所得的，没收违法所得；给他人造成损失的，依法承担赔偿责任。

第七十九条 未依法建立单位专职消防队或者建立的专职消防队不符合标准的，由消防救援机构责令限期改正；逾期不改正的，处一万元以上十万元以下罚款。

第八十条 建设工程有关单位违反本条例规定使用不合格消防产品、国家明令淘汰的消防产品或者防火性能不符合消防安全要求的建筑构件、建筑材料、室内装修装饰材料的，由相关监督管理部门根据职责责令限期改正；逾期不改正的，责令停止施工、停止使用，对单位处五千元以上五万元以下罚款，并对直接负责的主管人员和其他直接责任人员处五百元以上二千元以下罚款。

第八十一条 机关、团体、企业、事业等单位未按照规定对消防设施进行维护保养和检测的，由消防救援机构责令限期改正，可以处一千元以上五千元以下罚款。

设置消防控制室的单位未按照规定落实消防控制室管理制度的，由消防救援机构责令改正，可以处一千元以上五千元以下罚款。

第八十二条 建筑物外立面装修、装饰、设置广告妨害防火、逃生和灭火救援的，由消防救援机构责令限期改正；逾期不改正的，处五千元以上五万元以下罚款。

第八十三条 人员密集场所未按照规定设置消防安全标识的，由消防救援机构责令限期改正；逾期不改正的，处一千元以上五千元以下罚款。

人员密集场所的疏散通道、楼梯间及前室的门，未按照规定保持常闭，或者不能保证在火灾时自动关闭的，由消防救援机构责令改正，处警告或者一千元以上二千元以下罚款。

生产、经营、储存易燃易爆危险品的消防安全重点单位，未按照规定指定专业处置人员，设置专用资料箱，配备专用灭火器材、储备专用灭火药剂，或者未保持专用灭火器材和灭火药剂完好有效的，由消防救援机构责令限期改正；逾期不改正的，处五千元以上三万元以下罚款。

生产、经营、储存易燃易爆危险品的消防安全重点单位发生事故时，未启动应急救援预案，调派专业处置人员开展和参与相应处置，造成严重后果的，由消防救援机构对单位处五万元以上十万元以下罚款，并对直接负责的主管人员和其他直接责任人员处一千元以上三千元以下罚款。

第八十四条 违反规定使用产生烟火的物品的，由消防救援机构对单位处三千元以上三万元以下罚款；对个人处警告或者五百元以下罚款。

第八十五条 利用船舶或者水上浮动设施开设餐饮、娱乐场所、水上加油点，不符合相应的消防技术标准和管理规定的，责令限期改正；逾期不改正的，责令停止使用，处五千元以上五万元以下罚款。餐饮、娱乐场所由消防救援机构实施处罚，水上加油点由县级以上地方人民政府确定的管理部门实施处罚。

第八十六条 城市轨道交通运营单位未按照规定配备灭火救援装备、器材的，由消防救援机构责令限期改正；逾期不改正的，处五千元以上五万元以下罚款。

第八十七条 自动消防系统的操作人员未按照规定取

得相应资格上岗作业的，由消防救援机构责令用人单位改正；拒不改正的，对用人单位处二千元以上一万元以下罚款。

第八十八条 机关、团体、企业、事业等单位无正当理由拒不配合、协助开展熟悉演练活动或者提供资料的，由消防救援机构责令限期改正；逾期不改正的，处五百元以上五千元以下罚款。

第八十九条 火灾扑灭后，违反规定擅自进入火灾封闭现场或者擅自清理、移动火灾现场物品的，由消防救援机构责令停止违法行为，处警告或者五百元以上一千元以下罚款。

第九十条 地方各级人民政府和有关部门的工作人员违反本条例规定，在消防工作中滥用职权、玩忽职守、徇私舞弊的，依法给予处分；构成犯罪的，依法追究刑事责任。

第九十一条 《中华人民共和国消防法》第五十八条第一款由住房和城乡建设主管部门、消防救援机构按照各自的职责依法实施。

有下列情形之一，对经济和社会生活影响较大，责令停产停业、停止使用、停止施工的，报请本级人民政府依法决定：

（一）涉及本地区经济发展的重大项目、重点单位的；

（二）涉及单位、场所、人员数量众多，可能影响社会稳定的；

（三）涉及城市公用事业的；

（四）其他对经济和社会生活影响较大的情形。

住房和城乡建设主管部门、消防救援机构可以委托符合法定条件的组织，对有关违反消防安全管理的行为依法实施行政处罚。

第八章　附　　则

第九十二条　铁路、港航、民航、林业系统的消防工作，按照国家有关规定执行。

第九十三条　符合消防安全重点单位界定标准的个体工商户，应当依法履行消防安全重点单位的消防安全职责，承担单位法律责任。

第九十四条　本条例自 2023 年 5 月 1 日起施行。